LA NIÑA QUE SOÑABA CON TAMBORES

De cómo el valor de una niña cambió la música

Margarita Engle
Ganadora del premio de honor Newbery

Ilustraciones de
Rafael López

Traducción de
Alexis Romay

CLARION BOOKS
Un sello de HarperCollinsPublishers

En una isla musical,
en una ciudad donde sonaban las congas,
la niña que soñaba con tambores
soñaba

con tocar enormes tumbadoras,
con hacer repicar pequeños bongós
y con el *quimbara cumbara*
de largas baquetas
al retumbar en unos timbales
grandes, redondos y plateados
con el brillo de la luna.

Pero todo el mundo
en la isla musical,
en la ciudad donde sonaban las congas,
creía que solo los niños
tenían permiso
para tocar las tumbadoras,

así que la niña que soñaba con tambores
tuvo que seguir soñando
sus sueños
tranquilos
y secretos
en los que sonaban las congas.

En los cafés al aire libre que parecían jardines,
escuchaba los tambores
que eran tocados por hombres,
pero al cerrar los ojos
también escuchaba
su propia música
imaginaria.

Al caminar bajo la sombra
de las palmas mecidas por el viento
en un parque florido,
escuchaba el batir de alas
de las cotorras,
el repiquetear de los picos
de los pájaros carpinteros,
el taconeo
de sus propias pisadas
y el reconfortante latido
de su propio
corazón.

En los carnavales, escuchaba
el ritmo alegre
de los altísimos bailadores
que caminaban sobre zancos

y el sonido metálico del dragón que hacían los percusionistas que llevaban puestas esas máscaras gigantescas.

En casa, las yemas de sus dedos
tamborileaban sus propios
ritmos soñadores
sobre las mesas y las sillas...

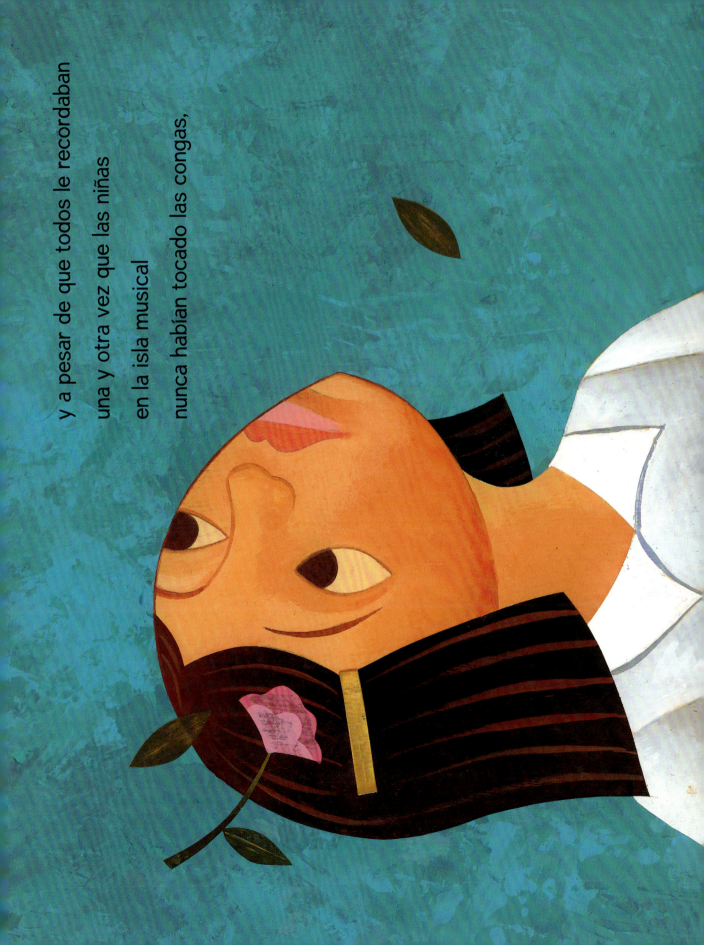

y a pesar de que todos le recordaban una y otra vez que las niñas en la isla musical nunca habían tocado las congas,

la valiente niña que soñaba con tambores
se atrevió a tocar
enormes tumbadoras,
pequeños bongós
y timbales grandes, redondos y plateados
con el brillo de la luna.

Sus manos parecían volar
cuando repiqueteaban
y marcaban el *tumbao*
y hacían sonar los cueros
con todos los ritmos
de sus sueños con tambores.

Sus hermanas mayores estaban tan emocionadas que la invitaron a que se les uniera a su nueva orquesta de baile formada exclusivamente por mujeres,

pero su padre les dijo
que solo los niños
tenían permiso para tocar
las tumbadoras.

Así que la niña que soñaba con tambores tuvo que seguir con sus sueños mientras tocaba las congas sola,

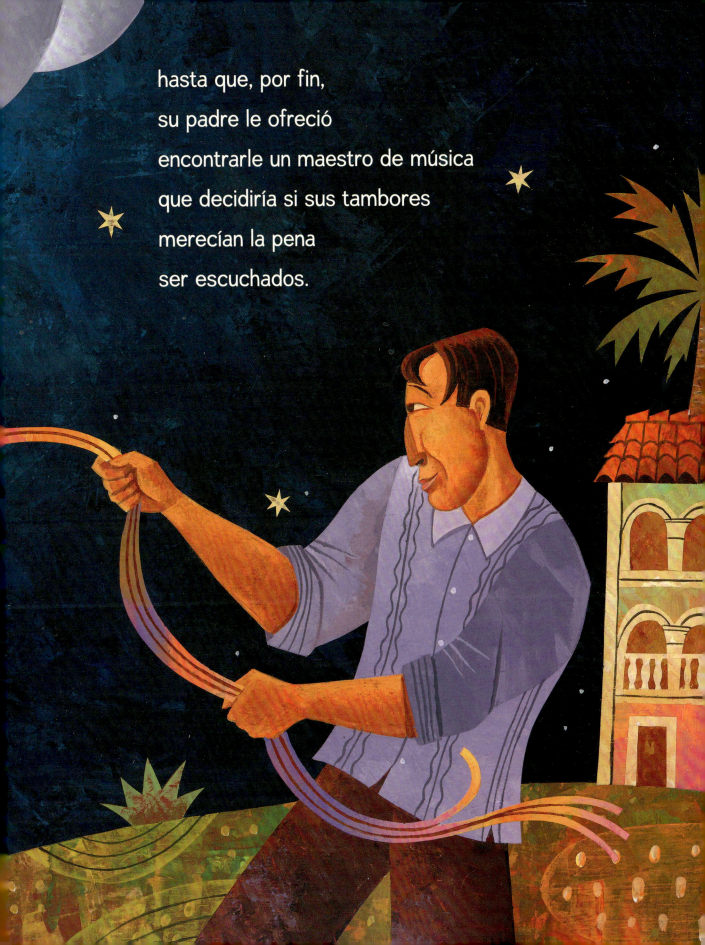

hasta que, por fin,
su padre le ofreció
encontrarle un maestro de música
que decidiría si sus tambores
merecían la pena
ser escuchados.

El maestro de la niña que soñaba
con tambores
se quedó maravillado.
La niña sabía muchísimo,
pero él le enseñó más
y más
y más

y ella ensayó
y ensayó
y ensayó,

hasta que el maestro estuvo de acuerdo
en que estaba lista
para tocar sus pequeños bongós
en cafés al aire libre que parecían jardines
iluminados por la luz de las estrellas,

en donde quienes escucharon
su música resplandeciente
cantaron
y bailaron
y decidieron
que las niñas siempre
deberían tener permiso para tocar
los tambores

y que tanto las niñas
como los niños
deberían ser libres
para soñar.

A mis nietos —M. E.

**A Pillo, mi madre arquitecta, cuyo valor abrió el techo
para que volaran sus sueños —R. L.**

**A mi hijo, Milo Romay, que toca el piano y el clarinete.
Y un día tocará las congas. —A. R.**

Agradecimientos

Doy gracias a Dios por los sueños creativos. Tengo una deuda de gratitud con la autobiografía *The Amazing Adventures of Cuba's First All-Girl Band* (*Las maravillosas aventuras de la primera orquesta de mujeres en Cuba*), escrita por Alicia Castro, la hermana de Millo, en colaboración con Ingrid Kummels y Manfred Schäfer (Atlantic Books, Londres, 2002). Extiendo un agradecimiento especial a mi familia, a mis editoras Reka Simonsen y Jeannette Larson, a la diseñadora Elizabeth Tardiff y a todo el equipo editorial de Houghton Mifflin Harcourt. —M. E.

Clarion Books es un sello de HarperCollins Publishers. • HarperCollins Español es un sello de HarperCollins Publishers. • La niña que soñaba con tambores • Copyright del texto © 2015 de Margarita Engle • Copyright de las ilustraciones © 2015 de Rafael López • Copyright de la traducción © 2024 de Alexis Romay • Todos los derechos reservados. Hecho en Italia. Ninguna parte de este libro puede ser usada o reproducida de ninguna manera sin permiso por escrito, excepto en el caso de breves citas insertadas en artículos críticos y reseñas. Para más información, diríjase a HarperCollins Children's Books, una división de HarperCollins Publishers, 195 Broadway, New York, NY 10007. • www.harpercollinschildrens.com • ISBN 978-0-06-335625-2 • El artista usó pintura acrílica sobre paneles de madera para crear las ilustraciones para este libro. • 24 25 26 27 28 RTLO 10 9 8 7 6 5 4 3 2 1 • La edición original en inglés de este libro fue publicada por Clarion Books, un sello de HarperCollins Publishers, en 2015.